Lleoliadau Cyferbyniol

1. Ble mae Gwlad yr Iâ a pha fath o le sydd yno?
2. Ble mae Hveragerdi a pha fath o le sydd yno?
3. Pam mae Hveragerdi mor 'boeth'?
4. Beth allai ddigwydd yn y dyfodol?

Golwg ar... Gwlad yr Iâ

Sioned Hughes a Colin Isaac

@ebol

Mae'r cyhoeddiad hwn wedi'i gyflwyno er cof am Olive Dyer am ei chyfraniad arbennig i ddysgu daearyddiaeth yng Nghymru.

Cyhoeddwyd gan © Atebol Cyfyngedig 2008
Cedwir y cyfan o'r hawliau. Ni chaniateir atgynhyrchu unrhyw ran o'r cyhoeddiad hwn na'i throsglwyddo ar unrhyw ffurf neu drwy unrhyw fodd, electronig neu fecanyddol, gan gynnwys llungopïo, recordio neu drwy gyfrwng unrhyw system storio ac adfer, heb ganiatâd ysgrifenedig y cyhoeddwr neu dan drwydded gan yr Asiantaeth Trwyddedu Hawlfreintiau Gyfyngedig. Gellir cael manylion pellach am y trwyddedau hyn (ar gyfer atgynhyrchu reprograffig) oddi wrth yr Asiantaeth Trwyddedu Hawlfreintiau Gyfyngedig/Copyright Licensing Agency Limited, Saffron House, 6-10 Kirby Street, Llundain/London EC1N 8TS.
Cyhoeddwyd yn 2008 gan Atebol Cyf, Adeiladau'r Fagwyr,
Llanfihangel Genau'r Glyn, Aberystwyth, Ceredigion SY24 5AQ
www.atebol.com

ISBN 1-905255-44-6

Golygwyd gan Colin Isaac a Glyn Saunders Jones
Deunydd ychwanegol gan Glyn Saunders Jones
Ffotograffau ychwanegol
Diolch i'r canlynol am eu caniatâd caredig i atgynhyrchu ffotograffau:
Geraint Davies a Sioned Hughes: clawr, 5 (gwaelod chwith a top dde), 6, 9, 10, 11 (gwaelod dde), 14 (canol dde), 17, 18, 19, 20, 21, 22, 23, 28, 29, 30, 31 (gwaelod dde)
Llun clawr: Helga Björn gyda'i mam ger Cofeb y Llychlynwyr yn Reykjavik

Dyluniwyd gan Stiwdio Ceri Jones, stiwdio@ceri-talybont.com
Mapiau gan Alison Davies, www.themappingcompany.co.uk
Noddwyd gan Lywodraeth Cynulliad Cymru
Argraffwyd gan Wasg Gomer, Llandysul, Ceredigion

Gwlad yr Iâ

Ble mae Gwlad yr Iâ a pha fath o le sydd yno?

Cwestiwn Allweddol 1

Ble mae Gwlad yr Iâ?

Rhaeadr Gullfoss

Gweithgaredd

1. Ydy Gwlad yr Iâ i'r gogledd neu i'r de o Brydain?
2. Pa un o'r rhain sydd agosaf at Wlad yr Iâ: Caerdydd, Llundain neu Gaeredin?
3. Ydy Gwlad yr Iâ ger y Cylch Arctig neu'r Cylch Antarctig?
4. Ym mha gyfandir mae Gwlad yr Iâ?
5. Pa gefnfor sydd i'r de o Wlad yr Iâ?
6. Mae Gwlad yr Iâ yn ynys. Beth yw ystyr hyn?
7. Enwch dair gwlad arall sy'n ynysoedd. (Edrychwch ar fapiau neu glôb i'ch helpu).

Gwlad yr Iâ

Ble mae Gwlad yr Iâ a pha fath o le sydd yno?

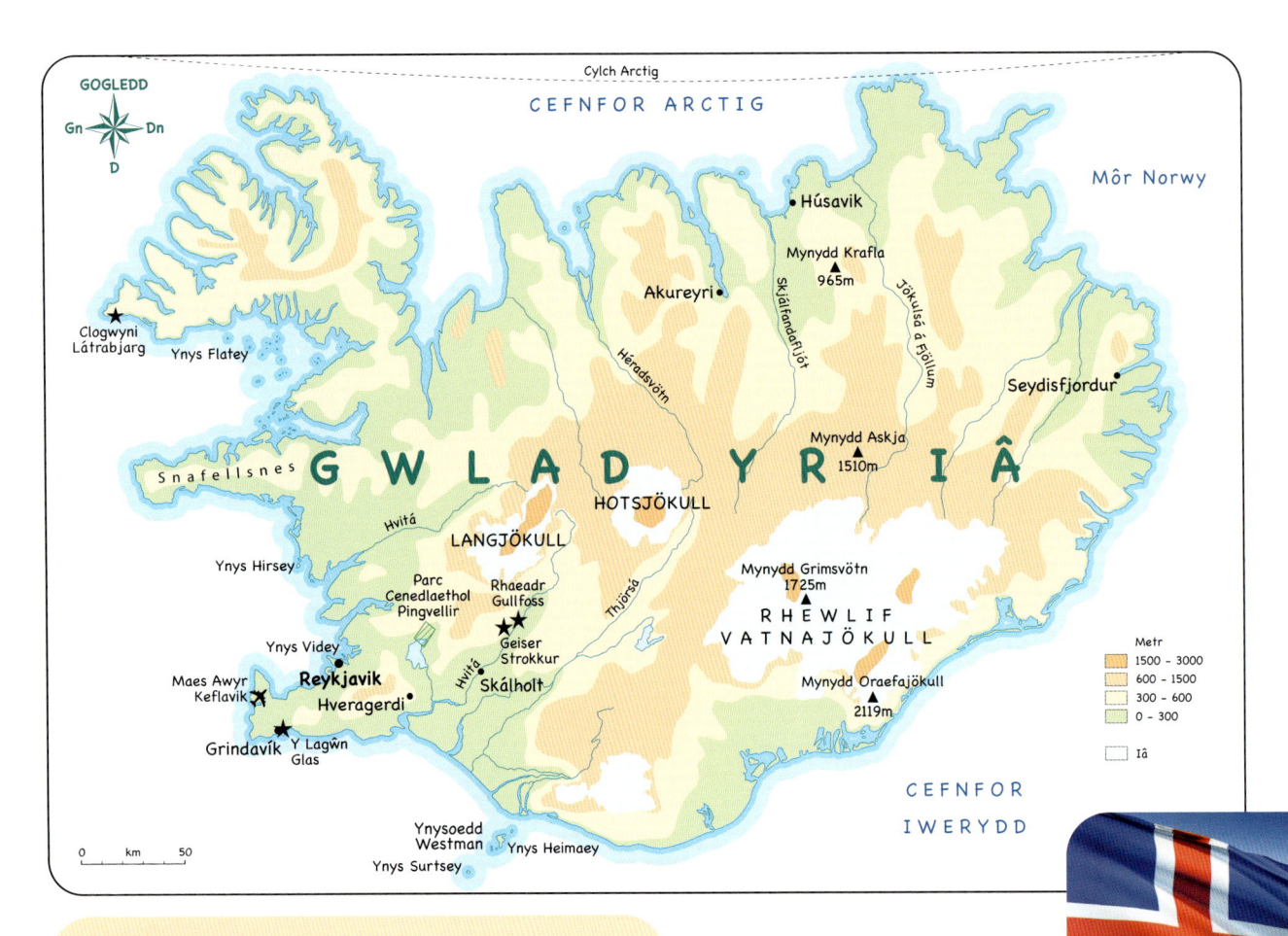

Cwestiwn Allweddol 1

Wyddoch chi...

mai Gwlad yr Iâ yw'r:
- ail ynys fwyaf yn Ewrop?
- deunawfed ynys fwyaf yn y byd

Baner Gwlad yr Iâ

Ffeil Ffeithiau: Gwlad yr Iâ	
Enw swyddogol	Gweriniaeth Gwlad yr Iâ
Prifddinas	Reykjavik
Arwynebedd	103,000 km² (tua un rhan o dair yn fwy nag Iwerddon)
Poblogaeth	Tua 300,000
Disgwyliad oes (merched)	83 oed
Disgwyliad oes (dynion)	80 oed
Prif grefydd	Cristnogaeth
Ieithoedd	Islandeg
Arian	Króna Gwlad yr Iâ ((ISK) (1 krónó = 100 aurar)
Prif nodweddion ffisegol	Rhewlifau, llosgfynyddoedd, geiserau, rhaeadrau, llynnoedd, ffiordau
Adnoddau naturiol	Pysgod, dŵr (ar gyfer trydan dŵr), egni geothermol
Diwydiannau	Pysgota, ffermio, gorsafoedd trydan dŵr a geothermol, gweithgynhyrchu metel, twristiaeth (eco-dwristiaeth)
Allforion	Pysgod a chynhyrchion pysgod (70%), metelau e,e, alwminiwm
Mewnforion	Peiriannau, dillad, bwyd, olew.

Gwlad yr Iâ

Ble mae Gwlad yr Iâ a pha fath o le sydd yno?

Cwestiwn Allweddol 1

Beth sydd mor arbennig am dirwedd Gwlad yr Iâ?

Mae Gwlad yr Iâ wedi'i lleoli yng Nghefnfor Gogledd Iwerydd i'r de o'r Cylch Arctig. Greenland (287 km) ac Ynysoedd Faröe (420 km) yw'r gwledydd agosaf. Mae Norwy tua 970 km i'r dwyrain o Wlad yr Iâ.

Ffurfiwyd Gwlad yr Iâ gan weithgaredd folcanig ar waelod Cefnfor Iwerydd. Mae cramen y ddaear wedi'i gwneud o wahanol ddarnau neu blatiau. Mae Gwlad yr Iâ wedi'i lleoli lle gwnaeth dau o'r platiau hyn, sef plât America a phlât Ewrasia, daro yn erbyn ei gilydd. Mae'r platiau hyn yn dal i symud gan greu tir newydd. Weithiau pan fydd y platiau'n taro yn erbyn ei gilydd, gall daeargryn ddigwydd neu gall llosgfynydd ffrwydro. Er enghraifft, ymddangosodd ynys Surtsey uchlaw lefel y môr yn yr 1960au. Surtsey yw'r rhan uchaf o losgfynydd. Mae gweddill y llosgfynydd dan y môr.

Creigiau folcanig

Llyn crater

Heddiw, Gwlad yr Iâ yw un o'r mannau mwyaf actif yn y byd o ran gweithgaredd folcanig. Mae llosgfynyddoedd a daeargrynfeydd yn newid y dirwedd. Mae dŵr tanddaearol hefyd yn cael ei gynhesu gan y lafa poeth sydd dan y ddaear. Mae'r dŵr hwn yn ffrwydro i'r wyneb fel dŵr poeth neu geiserau, e.e. Geiser Strokkur sy'n ffrwydro bob 5-10 munud.

Gwlad yr Iâ

Ble mae Gwlad yr Iâ a pha fath o le sydd yno?

Cwestiwn Allweddol 1

Beth sydd mor arbennig am dirwedd Gwlad yr Iâ?

Geiser Strokkur

Dim ond 12% o Wlad yr Iâ sydd wedi'i orchuddio ag iâ. Mae'r dirwedd yn cynnwys ffynhonnau poeth, rhewlifau, geiserau, rhaeadrau, diffeithdiroedd lafa a llosgfynyddoedd actif. Mae llynnoedd a rhewlifau yn gorchuddio 14% o Wlad yr Iâ. Mae dwy ran o dair o Wlad yr Iâ yn dir diffaith a chwarter yn laswelltir.

Mae'n bosibl rhannu Gwlad yr Iâ yn 6 rhan wahanol:
1. Reykjavik a'r ardal o'i hamgylch
2. Gorllewin Gwlad yr Iâ – Snafellsnes
3. Gogledd Gwlad yr Iâ – Húsavik
4. Dwyrain Gwlad yr Iâ, e.e. Rhewlif Vatnajökull
5. De Gwlad yr Iâ – Parc Cenedlaethol Pingvellir
6. Yr Ucheldiroedd – mewndir Gwlad yr Iâ

Gweithgaredd

1. Ar fap amlinell o Wlad yr Iâ, nodwch a labelwch y 6 phrif ranbarth a nodwyd. Paratowch allwedd i'r map. Ychwanegwch unrhyw nodweddion diddorol rydych wedi'u canfod, e.e. llosgfynydd, rhewlif. Rhowch symbolau i'r nodweddion hyn ac ychwanegwch nhw at eich allwedd.
2. Rhannwch y dosbarth yn chwe grŵp, gyda phob grŵp yn cael un o chwe phrif ranbarth Gwlad yr Iâ i'w astudio. Yn eich grwpiau, casglwch wybodaeth am eich rhanbarth chi, gan gynnwys ffotograffau, ac yna gwnewch gyflwyniad byr i weddill y dosbarth yn eu cyflwyno i'r rhanbarth rydych wedi'i astudio.

Gwlad yr Iâ

Ble mae Gwlad yr Iâ a pha fath o le sydd yno?

Cwestiwn Allweddol 1

Pa fath o dywydd sydd yng Ngwlad yr Iâ?

Mae'r tywydd bob amser yn newid yng Ngwlad yr Iâ. Mae Cerrynt Gogledd Iwerydd – cerrynt cefnfor cynnes sy'n parhau Llif y Gwlff – yn rhoi tymereddau uwch na'r rhan fwyaf o fannau ar yr un lledred yn y byd. Mae'r gaeafau yn fwyn a gwyntog, a'r hafau yn llaith a chlaear. Er bod Gwlad yr Iâ yn agos at yr Arctig, nid oes iâ ar arfordiroedd yr ynys drwy gydol y gaeaf.

Nid oes iâ yn harbwr Arctig Húsavik drwy gydol misoedd y gaeaf

Tymheredd Blynyddol (°C)

	Ion	Chw	Maw	Ebr	Mai	Meh	Gor	Awst	Medi	Hyd	Tach	Rhag
Gwlad yr Iâ	0.5	−1	−1.4	4	6.6	10.1	11.1	11.3	8.3	2.9	2.2	1.2
Cymru	7	8	9	9	15	15	16	17	15	12	8	7

Gweithgaredd

1. Mae'r enw 'Gwlad yr Iâ' yn awgrymu gwlad oer iawn. Ysgrifennwch baragraff byr yn esbonio ydy'r ffigurau yn y tabl uchod yn cefnogi'r awgrym hwn ai peidio.
2. Defnyddiwch y data yn y tabl uchod i lunio graff i ddangos y gwahaniaeth rhwng tymereddau blynyddol Gwlad yr Iâ a Chymru.
3. Ysgrifennwch baragraff yn disgrifio'r prif wahaniaethau a phethau tebyg rhwng tymereddau Gwlad yr Iâ a Chymru.

Enfys dros Raeadr Gullfoss

Mae golau dydd yng Ngwlad yr Iâ yn amrywio'n fawr yn ystod y flwyddyn am fod Gwlad yr Iâ mor bell i'r gogledd. Yn Rhagfyr ac Ionawr ceir 4 awr yn unig o olau dydd. O ddiwedd Mai hyd at ddiwedd Gorffennaf, nid oes tywyllwch o gwbl (20 awr o olau dydd a 4 awr o gyfnos).

Gwlad yr Iâ

Ble mae Gwlad yr Iâ a pha fath o le sydd yno?

Cwestiwn Allweddol 1

Pa fath o dywydd sydd yng Ngwlad yr Iâ?

Mae yna wahaniaethau yn y tywydd rhwng rhannau gwahanol o Wlad yr Iâ. Mae arfordir y de yn fwy cynnes, mwy gwlyb a mwy gwyntog na'r gogledd. Ardaloedd mewndirol isel yn y gogledd sydd fwyaf sych. Mae eira yn y gaeaf yn fwy cyffredin yn y gogledd nac yn y de. Ucheldiroedd y Canolbarth yw rhan oeraf y wlad.

REYKJAVIK (61 metr uwchlaw lefel y môr)

	Ion	Chwe	Maw	Ebr	Mai	Meh	Gor	Awst	Medi	Hyd	Tach	Rhag
Tymheredd cyfartalog °C	0	−1	0	2	6	8	11	10	8	4	1	0
Dyddiau glaw ar gyfartaledd	11	9	10	10	14	13	13	15	14	14	11	9
Dyddiau eira ar gyfartaledd	10	12	11	5	1	0	0	0	0	3	7	7

AKUREYRI (27 metr uwchlaw lefel y môr)

	Ion	Chwe	Maw	Ebr	Mai	Meh	Gor	Awst	Medi	Hyd	Tach	Rhag
Tymheredd cyfartalog °C	−1	−2	−1	1	6	8	11	10	7	2	0	−1
Dyddiau glaw ar gyfartaledd	5	4	5	6	8	8	10	10	10	13	8	4
Dyddiau eira ar gyfartaledd	10	11	11	7	2	0	0	0	0	5	7	6

Gweithgaredd

1. Pa un sydd fwyaf gwlyb: Reykjavik neu Akureyri?
2. Pa un sydd oeraf: Reykjavik neu Akureyri?
3. Beth sy'n debyg ac yn wahanol rhwng Reykjavik ac Akureyri o ran y tywydd?
4. Yn ystod pa ran o'r flwyddyn yr hoffech chi ymweld â Gwlad yr Iâ? Pam?

Tirwedd diffeithdir cerrig Ucheldiroedd Canolbarth Gwlad yr Iâ

Gwlad yr Iâ

Ble mae Gwlad yr Iâ a pha fath o le sydd yno?

Cwestiwn Allweddol 1

Sut mae pobl yn teithio i Wlad yr Iâ ac o Wlad yr Iâ?

Un ffordd o deithio i Wlad yr Iâ yw mewn awyren, yn hedfan i Faes Awyr Keflavik, 40 km o Reykjavik, prifddinas Gwlad yr Iâ. Mae gwasanaeth bws gwennol rhwng Maes Awyr Keflavik a Reykjavik. Mae'r daith o'r maes awyr i Reykjavik yn drawiadol iawn. Gallwch weld llifoedd lafa folcanig wrth i chi groesi'r dirwedd lwyd. Mae rhai pobl yn disgrifio'r daith fel croesi wyneb y lleuad!

Ffordd arall o deithio i Wlad yr Iâ yw ar fferi i borthladd Seydisfjordur. Cwmni llongau *Smyril Line* (www.smyril-line.com) sy'n gyfrifol am wasanaeth y fferi. Mae'n cysylltu Gwlad yr Iâ â Denmarc, Norwy a'r Alban. Mae yna wasanaeth rheolaidd i deithwyr, ceir a nwyddau ar fferi fodern – y *Noröna*.

Mae fferis lleol yn gweithredu rhwng tir mawr Gwlad yr Iâ ac ynysoedd Videy, Flatey a Hirsey ac Ynysoedd Westman. Mae gwasanaethau mwy aml yn yr haf.

Bysiau gwennol yn rhedeg rhwng Maes Awyr Keflavik a Reykjavik

Mae sawl mordaith hefyd yn ymweld â Gwlad yr Iâ

Gwlad yr Iâ

Ble mae Gwlad yr Iâ a pha fath o le sydd yno?

Cwestiwn Allweddol 1

Sut mae pobl yn teithio o fewn Gwlad yr Iâ?

Mae pobl yng Ngwlad yr Iâ yn gyrru eu ceir ar y dde. Mae'r ffyrdd yn dda, ond yn yr ardaloedd anghysbell, graean sydd ar y ffyrdd yn aml. Rhaid sicrhau bod goleuadau'r cerbyd ymlaen drwy'r amser wrth yrru.

Dim ond am ychydig o wythnosau yn yr haf mae nifer o ffyrdd yng nghanolbarth Gwlad yr Iâ ar agor, oherwydd gall y tywydd ar adegau eraill wneud gyrru'n anodd.

Gweithgaredd

1. Sut y byddech chi'n teithio o Gymru i Wlad yr Iâ? Pam y byddech chi'n dewis y dull hwnnw o deithio?
2. Pa ddull teithio y byddech chi'n hoffi ei ddefnyddio pe byddech yn teithio o fewn Gwlad yr Iâ? Pam?
3. Gwnewch restr o'r gwahanol ddulliau teithio a nodir ar y dudalen hon a thudalen 9, gan drefnu eich rhestr yn ôl effaith y dulliau teithio hyn ar yr amgylchedd. Rhowch y dull sydd orau i'r amgylchedd ar ddechrau eich rhestr a'r dull sydd waethaf i'r amgylchedd ar y gwaelod. Eglurwch pam eich bod wedi'u rhestru yn y drefn hon.
4. Mewn grwpiau, cymharwch eich rhestri unigol a thrafodwch eich rhesymau dros drefn eich rhestri. Yna, dewch i gytundeb fel grŵp ar restr y grŵp. Cymharwch restr eich grŵp chi â rhestri'r grwpiau eraill.

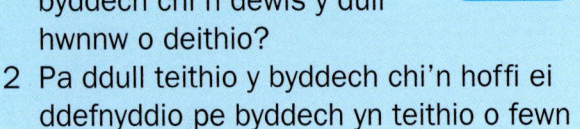

Teithiau Hedfan Mewnol

Mae gwahanol gwmnïau hedfan yng Ngwlad yr Iâ yn darparu teithiau mewnol a theithiau pleser o fewn Gwlad yr Iâ.

Bysiau

Mae prif orsaf fysiau Reykjavik yn Vatnsmyrarvegur. Mae yna wasanaethau bws dyddiol rheolaidd ar draws y wlad, hyd yn oed yn y gaeaf.

Yn ninas Reykjavik, mae bysiau melyn yn rhedeg ac mae ymwelwyr yn hoffi defnyddio'r rhain i weld golygfeydd poblogaidd y ddinas.

Mae llawer o'r ymwelwyr â Gwlad yr Iâ yn mwynhau cerdded neu feicio i weld golygfeydd gwych y wlad.

Gwlad yr Iâ

Ble mae Gwlad yr Iâ a pha fath o le sydd yno?

Cwestiwn Allweddol 1

Pa anifeiliaid sydd yng Ngwlad yr Iâ?

Mae bron tri chwarter o Wlad yr Iâ heb ddim llystyfiant yn tyfu yno am ei bod hi'n rhy oer. Ond mae digon o anifeiliaid gwahanol i'w gweld yng Ngwlad yr Iâ. Mae anifeiliaid brodorol Gwlad yr Iâ yn cynnwys defaid a gwartheg Islandaidd a'r ceffyl Islandaidd cryf.

Dafad Islandaidd

Mae'r ddafad Islandaidd (neu *kind* yn Islandeg) yn frid o ddefaid domestig a ddaeth gyda'r Llychlynwyr i Wlad yr Iâ fwy na mil o flynyddoedd yn ôl. Mae eu lliw yn amrywio o wyn i frown, llwyd a du. Fel rheol, dydyn nhw ddim yn cael eu cneifio cyn y gaeaf, ac mae'r brid yn gallu gwrthsefyll yr oerfel. Ar ôl cael eu bridio am fwy na mil o flynyddoedd mewn amgylchedd caled iawn, maen nhw'n gallu byw trwy fwyta glaswellt a phlanhigion.

Mae gwartheg Islandaidd yn frid o wartheg sy'n frodorol i Wlad yr Iâ. Coch, brown a du yw'r lliwiau mwyaf cyffredin. Caiff llaeth gwartheg Islandaidd ei ddefnyddio i wneud *Skyr*, sef math o iogwrt caws.

Pan aeth y Llychlynwyr i Wlad yr Iâ, aethon nhw â'u ceffylau Llychlynnaidd bach gyda nhw. Mae'r brid yn parhau i fod yn bur hyd heddiw. Mae'r ceffylau tua 1.3 m o ran uchder ac mae eu lliw yn amrywio o wyn i ddu. Er eu bod yn fach a thawel, mae ganddyn nhw ddigon o egni, cyflymder a deallusrwydd ac maen nhw'n berffaith ar gyfer eu marchogaeth. Maen nhw'n gryf a chyhyrog a gallan nhw ymdopi â thirwedd fwyaf garw Gwlad yr Iâ. Mae'r ceffylau'n dal i chwarae rhan bwysig yn y gwaith o hel defaid yn yr hydref.

Ceffylau Islandaidd

Gwartheg Islandaidd

Gwlad yr Iâ

Ble mae Gwlad yr Iâ a pha fath o le sydd yno?

Cwestiwn Allweddol 1

Pa fath o waith mae pobl Gwlad yr Iâ yn ei wneud?

Mwyndoddi alwminiwm

Mae llawer o bobl yn gweithio mewn gweithfeydd mwyndoddi alwminiwm. Gwlad yr Iâ yw un o ddeg cynhyrchydd mwyaf y byd o alwminiwm. Mae alwminiwm yn bwysig iawn i economi Gwlad yr Iâ, mae'n gyfrifol am bron 40% o allforion y wlad.

Y rheswm pam mae mwyndoddi alwminiwm mor bwysig yng Ngwlad yr Iâ yw bod cyflenwad da o bŵer rhad a glân yno. Trydan sy'n gyfrifol am gyfran uchel iawn o gostau mwyndoddi alwminiwm, ac felly mae pŵer rhad yn bwysig.

Mae mwy a mwy o bobl yng Ngwlad yr Iâ yn gweithio mewn gwasanaethau ariannol, twristiaeth, creu meddalwedd a biotechnoleg. Mae safon byw y wlad yn uchel iawn.

Gweithgaredd

1. Sut mae'r swyddi sydd ar gael i bobl yng Ngwlad yr Iâ y dyddiau hyn yn wahanol i'r rhai oedd ar gael 100 mlynedd yn ôl?
2. Gwnewch restr o resymau pam mae'r newidiadau hyn wedi digwydd yn eich barn chi.

Arllwys alwminiwm tawdd i mewn i fowld

Siop ymwelwyr ger Geiser Strokkur

Nofio yn y dŵr cynnes yn y Lagŵn Glas.

Gwlad yr Iâ

Ble mae Gwlad yr Iâ a pha fath o le sydd yno?

Cwestiwn Allweddol 1

Pa fath o weithgareddau hamdden sydd yng Ngwlad yr Iâ?

Mae Gwlad yr Iâ yn cael ei galw yn 'wlad iâ a thân'. Mae'n lle delfrydol i dwristiaid sy'n mwynhau gweithgareddau awyr agored. Mae gwyliau gweithgareddau ar gael mewn ardaloedd gwahanol o Wlad yr Iâ. Mae'r gweithgareddau'n cynnwys rafftio, heicio, cerdded ar rewlifau, pysgota, marchogaeth a gwylio morfilod.

Gwylio Morfilod

Mae tua chwarter o forfilod y byd i'w cael yn nyfroedd claear Cefnfor Gogledd Iwerydd o amgylch Gwlad yr Iâ, gan gynnwys y morfil minke, y morfil cefngrwm a'r morfil glas. Gwylio morfilod yw'r math mwyaf poblogaidd o atyniad i dwristiaid sy'n ymweld â Gwlad yr Iâ.

Heicio

Mae mwy na hanner Gwlad yr Iâ fwy na 400 m uwchlaw lefel y môr, ac mae lafa, rhewlifau, llynnoedd a thywod yn gorchuddio rhan helaeth o'r ynys. Does dim llawer o leoedd yng Ngwlad yr Iâ â llwybrau cerdded clir, ond mae heicio'n weithgaredd sy'n boblogaidd gyda phobl Gwlad yr Iâ a thwristiaid.

Gwylio Adar

Yn aml gelwir Gwlad yr Iâ yn baradwys gwylwyr adar. Látrabjarg yn Ffiordau'r Gorllewin yw'r clogwyn adar mwyaf yn y byd. Yn ne Gwlad yr Iâ mae'r nifer mwyaf o sgiwennod y gogledd yn y byd ac yn Ynysoedd Westman mae'r nifer mwyaf o balod yng Ngwlad yr Iâ. Yn Llyn Mývatn yn y gogledd mae mwy o fathau gwahanol o hwyaid magu nag mewn unrhyw le arall yn Ewrop.

Gwlad yr Iâ

Ble mae Gwlad yr Iâ a pha fath o le sydd yno?

Cwestiwn Allweddol 1

Pa fath o weithgareddau hamdden sydd yng Ngwlad yr Iâ?

Marchogaeth
Mae llawer o ffermydd a threfnwyr teithiau yng Ngwlad yr Iâ yn cynnig teithiau marchogaeth yn amrywio o 1 awr i 10 diwrnod.

Sgïo
Mae sgïo gaeaf ar gael mewn ardaloedd gwahanol o'r wlad. Mae sgïo traws-gwlad a sgïo ar y llethrau ar gael mewn canolfannau sgïo ledled Gwlad yr Iâ.

Beicio mynydd
Gall beiciau gael eu rhentu yn Reykjavik ac mewn gwahanol ganolfannau yng Ngwlad yr Iâ.

Sgïo yn Bláfjöll ger Reykjavik

Pysgota ger Hveragerdi

Pysgota
Mae Gwlad yr Iâ yn enwog am ei physgota eog a brithyll. Mae prif dymor pysgota eog o ganol Mehefin hyd at ganol Medi. Mae pysgota brithyll yn amrywio o un afon/llyn i'r llall, ond mae'r tymor arferol o Ebrill/Mai hyd at fis Medi/Hydref. Yn ystod y gaeaf, mae pysgota iâ yn boblogaidd.

Mae pysgota môr hefyd yn dod yn weithgaredd poblogaidd yng Ngwlad yr Iâ. Mae'r tymor yn dechrau tua diwedd Mai ac yn parhau tan ddiwedd Awst, gyda sawl pencampwriaeth yn cael eu cynnal.

Gwlad yr Iâ
Ble mae Gwlad yr Iâ a pha fath o le sydd yno?

Cwestiwn Allweddol 1

Pa fath o weithgareddau hamdden sydd yng Ngwlad yr Iâ?

Cerbyd eira

Teithiau Rhewlif
Gall pobl fynd ar daith ar rewlif gyda cherbyd eira neu jîp arbennig. Mae'n brofiad bythgofiadwy beth bynnag fo'r tywydd.

Nofio
Mae nofio'n weithgaredd poblogaidd iawn yng Ngwlad yr Iâ drwy gydol y flwyddyn. Mae gan y rhan fwyaf o drefi a phentrefi byllau nofio awyr agored neu dan do gyda dŵr cynnes o'r ffynhonnau poeth naturiol. Mae tymheredd y dŵr yn y pyllau tua 29°C.

Gweithgaredd
1. Astudiwch y testun a'r ffotograffau ar dudalennau 15-17 a gwnewch restr o'r gweithgareddau sydd ar gael i dwristiaid yng Ngwlad yr Iâ. Trefnwch y rhestr yn ôl yr hyn yr hoffech chi ei wneud, h.y. dechreuwch â'r gweithgaredd yr hoffech ei wneud fwyaf, a gorffennwch â'r gweithgaredd y byddech yn ei fwynhau leiaf.
2. Rhowch resymau pam eich bod yn hoffi'r ddau weithgaredd ar ddechrau eich rhestr.
3. Rhowch resymau pam nad ydych yn hoffi'r ddau weithgaredd ar waelod eich rhestr.
4. Defnyddiwch eich sgiliau cyfathrebu a TGCh i ddylunio poster sy'n ceisio perswadio pobl i ymweld â Gwlad yr Iâ.

Gwlad yr Iâ

Ble mae Hveragerdi a pha fath o le sydd yno?

Cwestiwn Allweddol 2

Ble mae Hveragerdi?

Tref fach tua 45 km i'r de-ddwyrain o Reykjavik yw Hveragerdi. Mae tua 1700 o bobl yn byw yno.

Mae cysylltiad bws rhwng Hveragerdi a'r ardaloedd o amgylch Reykjavik. Mae gwasanaeth bws rheolaidd dyddiol o *BSI*, prif orsaf fysiau Reykjavik.

Tref Hveragerdi

Gweithgaredd

Gan ddefnyddio'r map ar dudalen 4 a'r map uchod, disgrifiwch leoliad Hveragerdi. Yn eich disgrifiad dylech nodi ei lleoliad mewn perthynas â lleoedd eraill yng Ngwlad yr Iâ a hefyd sôn am nodweddion daearyddol (e.e. rhewlifau) ger Hveragerdi.

Gwlad yr Iâ

Ble mae Hveragerdi a pha fath o le sydd yno?

Cwestiwn Allweddol 2

Pa fath o le sydd yn Hveragerdi?

Gweithgaredd

1. Defnyddiwch y cynllun o Hveragerdi i'ch helpu i ysgrifennu paragraff yn disgrifio pe fath o le sydd yno, e.e. pa fathau o siopau a gwasanaethau sydd yn y dref.
2. Sut mae Hveragerdi yn debyg i'ch ardal chi? Sut mae Hveragerdi yn wahanol i'ch ardal chi?
3. Pa leoedd yr hoffech chi ymweld â nhw yn Hveragerdi? Pam?

Gwlad yr Iâ
Ble mae Hveragerdi a pha fath o le sydd yno?

Cwestiwn Allweddol 2

Pwy ydy Helga Björn?

Helo! Fy enw i ydy Helga Björn ac rydw i'n byw yn Hveragerdi. Rydw i'n 8 mlwydd oed. Rydw i'n byw mewn tŷ gyda fy mam, fy nhad a'm dau frawd, J'on (7 oed) a Leifur (6 oed). Rydw i'n siarad Islandeg.

Mae'r ysgol yn dechrau am 8.00am ac yn gorffen am 2.30pm. Mae'r gwersi i gyd drwy gyfrwng Islandeg. Bob bore byddwn ni'n astudio Islandeg a Mathemateg. Yn y prynhawn byddwn ni'n astudio Gwyddorau Naturiol, Astudiaethau Cymdeithasol a Chrefyddol, Celf a Chrefft ac Addysg Gorfforol. Fy hoff wersi ydy Islandeg ac Addysg Gorfforol. Yng Ngradd 3, byddaf yn dysgu Saesneg. Rydw i'n edrych ymlaen at ddysgu Saesneg. Gallaf gael gwersi Daneg yng Ngradd 6, os byddaf yn dymuno.

Hyd nes yr oeddwn yn 6 oed, roeddwn yn mynd i'r ysgol feithrin (Leikskóli) lle dysgais sut i ddarllen ac ysgrifennu drwy chwarae. Rydw i nawr yn fy ail flwyddyn yn Hveragerdi Grunnskóli (Ysgol Gynradd ac Ysgol Uwchradd Iau). Byddaf yn mynd i Hveragerdi Grunnskóli hyd nes y byddaf yn 16 oed. Wedyn, byddaf yn gallu mynd i'r Ysgol Uwchradd Uwch (Framhaldsskóli) hyd nes y byddaf yn 20 oed.

Hveragerdi Grunnskóli

Cartref Helga

Gweithgaredd

1. Sut mae ysgol Helga yn debyg i'ch ysgol chi? Sut mae ysgol Helga yn wahanol i'ch ysgol chi?
2. Hoffech chi fynd i'r ysgol yng Ngwlad yr Iâ? Pam?

Gwlad yr Iâ

Ble mae Hveragerdi a pha fath o le sydd yno?

Cwestiwn Allweddol 2

Pa fath o fywyd sydd gan Helga y tu allan i'r ysgol?

Llyn Tjorn yn Reykjavik

Ar ôl ysgol, rydw i'n chwarae gyda fy ffrindiau ac yn gwylio'r teledu. Rydw i'n cael gwersi nofio ddwywaith yr wythnos. Rydw i hefyd yn cael gwersi piano unwaith yr wythnos.

Ar y penwythnos, rydw i'n mwynhau ymweld â Reykjavik gyda fy rhieni. Mae llyn hardd yn Reykjavik – Llyn Tjorn – lle byddwn yn bwydo'r hwyaid ac yn cerdded ar hyd llwybr o amgylch y llyn. Weithiau byddwn yn mynd i fowlio a nofio yn un o'r pedwar pwll awyr agored yn y ddinas. Nofio ydy'r gweithgaredd mwyaf poblogaidd gyda theuluoedd yng Ngwlad yr Iâ. Mae'r pyllau'n llawn dŵr poeth naturiol.

Weithiau byddwn yn mynd â'n beiciau ac yn beicio ar hyd yr harbwr. Mae'n hardd iawn gyda'r nos yn yr haf.

Yn ystod y gaeaf byddwn yn mynd i'r Mynyddoedd Glas, tua 45 munud o Reykjavik, i sgïo. Byddwn ni fel arfer yn mynd yno rhwng Ionawr ac Ebrill. Ond yn ddiweddar does dim digon o eira wedi bod i sgïo ym mis Ebrill. Rydw i'n mwynhau sgïo ar y llethrau a sgïo traws-gwlad. Yn ystod yr haf byddwn weithiau yn mynd i sgïo ar y rhewlifau.

Gweithgaredd

1. Cymharwch yr hyn mae Helga a'i theulu yn ei wneud ar y penwythnos â'r hyn y byddwch chi a'ch teulu yn ei wneud ar y penwythnos.
2. Cymharwch yr hyn mae Helga'n ei wneud y tu allan i'r ysgol â'r hyn y byddwch chi'n ei wneud y tu allan i'r ysgol.
3. Yn eich barn chi, pam nad oes digon o eira i sgïo yn Ebrill y dyddiau hyn?

Helga'n mwynhau yn yr eira

Gwlad yr Iâ

Ble mae Hveragerdi a pha fath o le sydd yno?

Cwestiwn Allweddol 2

Sut mae Hveragerdi wedi datblygu fel hyn?

Mae Hveragerdi wedi'i lleoli mewn ardal sy'n cael gwres geothermol o weithgaredd folcanig tanddaearol. Mae gan Hveragerdi nifer o ffynhonnau poeth - "hver" yw'r gair Islandeg am ffynhonnau poeth. Daeth pobl i fyw yn Hveragerdi oherwydd y ffynhonnau poeth hyn. Gellir defnyddio'r dŵr poeth naturiol hwn i wresogi'r tai a'r ysgolion.

Mae Hveragerdi yn dref newydd. Mae'n enwog am ei thai gwydr. Dŵr poeth o'r ffynhonnau poeth folcanig yn yr ardal sy'n gwresogi'r tai gwydr. Gallan nhw dyfu planhigion drwy'r flwyddyn yn y tai gwydr hyn. Mae hyd yn oed ffrwythau egsotig yn cael eu tyfu ynddyn nhw.

Agorwyd y farchnad lysiau a blodau gyntaf, sef Fagrihvammur, yn 1929 ger Afon Varmá. Flwyddyn yn ddiweddarach, adeiladwyd y tŷ gwydr cyntaf, a dyna ddechrau garddwriaeth tai gwydr yn yr ardal hon. Daeth garddwriaeth yn rhan bwysig o'r economi lleol a dechreuodd Hveragerdi dyfu.

Mae Hveragerdi wedi datblygu law yn llaw â newidiadau mewn technoleg. Mae'r bobl wedi defnyddio egni geothermol at wahanol bwrpasau. Adeiladwyd un o'r pyllau nofio mwyaf yn y wlad yma cyn yr Ail Ryfel Byd. Caiff ei wresogi â dŵr poeth naturiol. Mae hynny'n wir am y rhan fwyaf o'r pyllau nofio yng Ngwlad yr Iâ heddiw.

Tŷ gwydr Islandaidd gyda phlanhigion ifanc mewn potiau

Yn ystod y blynyddoedd diwethaf mae Hveragerdi wedi dod yn un o'r prif atyniadau i dwristiaid yng Ngwlad yr Iâ oherwydd y ffynhonnau poeth yn y dref ac yn yr ardal o amgylch y dref. Mae yna sba yn y dref a digon o westai a thai bwyta ar gyfer twristiaid.

Dŵr poeth naturiol yn cael ei ddefnyddio i wresogi'r tai gwydr

Gweithgaredd

1. Sut mae'r ffynhonnau poeth wedi helpu tref Hveragerdi i ddatblygu?
2. Sut mae tai gwydr yn eich ardal chi yn cael eu gwresogi?

Gwlad yr Iâ

Pam mae Hveragerdi mor 'boeth'?

Cwestiwn Allweddol 3

Beth yw pŵer geothermol?

Yr egni gwres sy'n digwydd yn naturiol dan wyneb y Ddaear yw pŵer geothermol. Ym myd natur, mae gwres geothermol yn ei ddangos ei hun ar ffurf llosgfynyddoedd, ffynhonnau poeth a geiserau. Weithiau, mae'r gwres wedi'i grynhoi ac yn ddigon agos at wyneb y Ddaear i allu cael ei ddefnyddio. Pan fydd yn uwch na 150°C, mae'n ddigon poeth i'w ddefnyddio i gynhyrchu trydan a gwres yng Ngwlad yr Iâ.

Pam mae pŵer geothermol yng Ngwlad yr Iâ?

Oherwydd ei lleoliad arbennig, Gwlad yr Iâ yw un o'r mannau sydd â'r gweithgaredd folcanig mwyaf yn y byd. Mae mwy na 200 o losgfynyddoedd yno a mwy na 600 o ffynhonnau poeth. Mae mwy na 20 o feysydd stêm tymheredd uchel sy'n fwy na 150°C; mae llawer ohonyn nhw yn cyrraedd 250°C. Caiff y meysydd stêm hyn eu defnyddio at sawl pwrpas gwahanol o wresogi tai i wresogi pyllau nofio.

Gwres geothermol yw un o adnoddau naturiol pwysicaf Gwlad yr Iâ. O ganlyniad, mae gwres canolog a dŵr cynnes yn gymharol rad yno. Mae'r gwres geothermol yn cael ei ddefnyddio yn bennaf i gynhesu dŵr, sy'n gallu cael ei ddefnyddio yn uniongyrchol ar gyfer gwres canolog pan fydd yn boeth. Caiff 89% o'r tai yng Ngwlad yr Iâ eu gwresogi fel hyn. Ond caiff y dŵr geothermol ei ddefnyddio mewn sawl ffordd arall hefyd, e.e. pyllau nofio, ffermydd pysgod, sychu coed a gwlân, tai gwydr.

Mae Reykjavik yn defnyddio gwres geothermol i gyflenwi dŵr poeth i bob tŷ am gost is na chyflenwi dŵr oer. Mae'r egni mor rhad fel bod rhai palmentydd yn Reykjavik ac Akureyri yn cael eu gwresogi yn y gaeaf!

Gorsaf drydan geothermol yng Ngwlad yr Iâ

Stêm o dwll drilio geothermol yng Ngwlad yr Iâ

Gwlad yr Iâ
Pam mae Hveragerdi mor 'boeth'?

Cwestiwn Allweddol 3

Beth yw pŵer geothermol?

Manteision pŵer geothermol
- 👍 Ffynhonnell gwres am ddim (dim costau tanwydd)
- 👍 Llai o lygredd
- 👍 Dydy newidiadau yn y tywydd ddim yn effeithio arno
- 👍 Yn gallu gweithio'n barhaol ddydd a nos
- 👍 Yn rhad o'i gymharu â thanwydd ffosil

Anfanteision pŵer geothermol
- 👎 Mae'r dŵr geothermol yn asidig
- 👎 Caiff llawer o'r egni gwres ei golli, oni bai bod yna ddefnydd lleol i wres tymheredd isel, fel tai gwydr neu felinau coed
- 👎 Mae adeiladu gorsafoedd pŵer yn gallu effeithio ar y dirwedd
- 👎 Bydd dŵr poeth o ffynonellau geothermol yn cynnwys ychydig bach o elfennau peryglus fel mercwri ac arsenig

Drilio mewn maes lafa yn ne Gwlad yr Iâ i chwilio am ddŵr poeth iawn, sy'n gallu cael ei ddefnyddio ar gyfer gwresogi ac egni

Gorsaf drydan geothermol

Gweithgaredd
1. Gwnewch restr o fanteision ac anfanteision defnyddio tanau glo i wresogi cartrefi.
2. Gwnewch restr o fanteision ac anfanteision gwres canolog nwy mewn cartrefi.
3. Beth yn eich barn chi yw'r ffordd orau o wresogi cartrefi: tanau glo, gwres canolog nwy neu egni geothermol? Rhowch resymau dros eich ateb.

Gwlad yr Iâ

Pam mae Hveragerdi mor 'boeth'?

Cwestiwn Allweddol 3

Pam mae ymwelwyr yn dod i Hveragerdi?

Mae Hveragerdi wedi bod yn un o'r trefi gwyliau mwyaf poblogaidd yng Ngwlad yr Iâ ers tro byd. Gwres geothermol yw'r prif reswm. Ychydig iawn o gymunedau yn y byd sy'n gallu dweud bod ganddyn nhw safle thermol actif yng nghanol y dref gyda ffynhonnau poeth yn hisian a byrlymu.

Mae ffynhonnau poeth Hveragerdi yn hanfodol ar gyfer tyfu'r nifer mawr o flodau yn y dref. Drwy gydol y flwyddyn, mae stêm yn ymestyn i'r awyr uwchben. Wrth i chi edrych i fyny yn yr haf, gallwch weld y lliw gwyrdd hefyd gan fod coed yn tyfu yn Hveragerdi. Mae pobl Gwlad yr Iâ yn cyfeirio at y coed fel 'y chwyldro gwyrdd' gan nad oes llawer o goed yng Ngwlad yr Iâ.

Mae llawer o bobl yn ymweld â Hveragerdi i weld y tai gwydr ac i brynu llysiau a blodau ffres am bris rhesymol.

Tyfu llysiau a blodau â gwres rhad

Pwll nofio

Mae llawer o bobl yn mynd i Hveragerdi i nofio ym mhwll nofio Laugaskard. Mae'r pwll yn enwog am ei leoliad hyfryd, yn ogystal â'i gyfleusterau gwych, gan gynnwys pyllau poeth, trobwll, lampau haul a sawna â stêm naturiol.

Mae llawer o bobl yn mynd i Hveragerdi i geisio gwella eu hiechyd, gan aros am gyfnodau byr neu hir mewn clinigau iechyd.

Ymlacio mewn clinig iechyd

Gwlad yr Iâ
Pam mae Hveragerdi mor 'boeth'?

Cwestiwn Allweddol 3

Pam mae ymwelwyr yn dod i Hveragerdi?

Mae'r dref mewn lleoliad da, ymhell o brysurdeb y brifddinas, ond eto i gyd o fewn pellter gyrru cyfleus. Mae rhai o atyniadau mwyaf arbennig de Gwlad yr Iâ i ymwelwyr yn ardal Hveragerdi hefyd, e.e. Rhaeadr Gullfoss, Geiser Strokkur, Skálholt a Pharc Cenedlaethol Pingvellir.

Mae'r ardal o amgylch Hveragerdi yn ddelfrydol i bobl sy'n mwynhau'r awyr agored. Mae yna eog a brithyll yn Afon Varmá i bobl sy'n mwynhau pysgota. Mae llwybrau heicio a marchogaeth o'r dref drwy ddyffryn Ölfusdalur i ardal folcanig Hengill a'r holl ffordd i ardal geothermol Nesjavellir a Pharc Cenedlaethol Pingvellir. Ar hyd y ffordd mae ffynhonnau poeth lle mae'n bosibl ymdrochi.

Rhaeadr Gullfoss

Marchogaeth

Gweithgaredd
1. Gwnewch restr o'r rhesymau pam mae pobl yn ymweld â Hveragerdi.
2. Paratowch lyfryn neu boster yn perswadio pobl i ymweld â Hveragerdi.

Gwlad yr Iâ

Pam mae Hveragerdi mor 'boeth'?

Cwestiwn Allweddol 3

Beth yw barn pobl Hveragerdi am y tai gwydr?

Anna Sveinsdöttir
Mae llawer o ymwelwyr yn dod i weld y tai gwydr a cherdded ar hyd y llwybrau ar y meysydd lafa. Dydyn nhw ddim yn bell o'r brifddinas. Mae llawer o'r cynnyrch sy'n cael ei dyfu yn Hveragerdi yn cael ei werthu yn y brifddinas.

Jón Gunnar (Wedi ymddeol)
Yn fy marn i, mae gormod o dai gwydr yn Hveragerdi heddiw. Does dim cymeriad i'r dref erbyn hyn ac mae gormod o bobl yn byw yma. Mae'n anodd iawn croesi'r ffyrdd ac mae'r lorïau'n swnllyd ac yn creu llygredd.

Heidi Maria
Rydw i'n credu bod y tai gwydr yn bwysig iawn am fod llawer o bobl yn gweithio ynddyn nhw. Mae'r tai gwydr yn darparu gwaith ar gyfer y bobl drwy gydol y flwyddyn a dydy'r tywydd ddim yn effeithio ar y gwaith.

Leifur Eiriksson
Mae gwres naturiol o'r ddaear yn cael ei ddefnyddio i wresogi'r tai gwydr. Felly mae'n llehau'r costau ac mae'n diogelu'r amgylchedd.

Gweithgaredd

1. Rhestrwch y dadleuon o blaid ac yn erbyn y tai gwydr.
2. Pe byddech chi'n byw yn Hveragerdi a bod rhywun yn ceisio adeiladu mwy o dai gwydr, a fyddech o blaid neu yn erbyn? Rhowch resymau dros eich ateb.
3. Mewn parau, cynhaliwch sesiwn chwarae rôl gydag un ohonoch yn chwarae rhan person sy'n ceisio adeiladu mwy o dai gwydr yn Hveragerdi a'r llall yn chwarae person o'r dref sy'n gwrthwynebu'r tai gwydr newydd. Ffilmiwch eich trafodaeth fel y gallwch ei gwylio wedyn.

Gwlad yr Iâ
Beth allai ddigwydd yn y dyfodol?

Cwestiwn Allweddol 4

Beth hoffai'r Islandwyr ei weld yn y dyfodol?

Anna Sveinsdöttir
Yn y dyfodol, hoffwn weld mwy o dai gwydr yn cael eu hadeiladu ar y meysydd lafa ac yn defnyddio gwres geothermol. Mae'n bwysig bod Gwlad yr Iâ yn gallu cynhyrchu ei ffrwythau a'i llysiau ei hun gan ei bod mor bell o wledydd eraill Ewrop.

Jón Gunnar
Mae angen cynlluniau i sicrhau na chaiff cymeriad Hveragerdi ei ddinistrio. Mae angen iddyn nhw adeiladu tai gwydr mewn rhannau eraill o'r wlad.

Leifur Eiriksson
Dydw i ddim am weld mwy o orsafoedd trydan dŵr yn cael eu hadeiladu yng Ngwlad yr Iâ er mwyn cyflenwi egni ar gyfer mwyndoddi alwminiwm. Er ei fod yn egni glân, mae llawer o dir a phentrefi yn cael eu boddi.

Marie Jon
Hoffwn weld mwy o ffyrdd yn cysylltu gwahanol ardaloedd yng Ngwlad yr Iâ. Byddai hyn yn rhoi mwy o waith i bobl leol. Mae dwy ran o dair o bobl Gwlad yr Iâ yn byw yn ardal Reykjavik. Mae hynny'n ormod mewn un ardal. Mae angen denu mwy o bobl i fyw mewn rhannau eraill o'r wlad ac ymweld â rhannau erail o'r wlad.

Heidi Maria
Mae Gwlad yr Iâ yn wlad unigryw sy'n defnyddio gwres geothermol yn effeithiol. Hoffwn weld Gwlad yr Iâ yn gwneud mwy fyth o ddefnydd o egni trydan dŵr ac egni geothermol. Mae hyn yn bwysig i'r amgylchedd. Rydym yn clywed yn aml am gynhesu byd-eang. Dylem wneud yr hyn allwn ni i helpu.

Gweithgaredd

1. Darllenwch y safbwyntiau uchod yn ofalus a gwnewch restr o'r pethau yr hoffai'r Islandwyr hyn eu gweld yn y dyfodol yng Ngwlad yr Iâ.
2. Ad-drefnwch eich rhestr, gan roi'r pwyntiau yn nhrefn pwysigrwydd, gan ddechrau gyda'r un pwysicaf yn eich barn chi, a gorffen gyda'r un lleiaf pwysig yn eich barn chi.
3. Gwnewch restr o bethau yr hoffech chi eu gweld yn digwydd yn y dyfodol yn eich ardal chi. Rhowch resymau dros y pethau sydd wedi'u cynnwys yn eich rhestr.
4. Ad-drefnwch eich rhestr, gan roi'r pwyntiau yn nhrefn pwysigrwydd yn eich barn chi.

Gwlad yr Iâ
Beth allai ddigwydd yn y dyfodol?

Cwestiwn Allweddol 4

Sut y bydd twristiaid yn effeithio ar Wlad yr Iâ yn y dyfodol?

Teithio a thwristiaeth yw un o'r diwydiannau sy'n tyfu gyflymaf yng Ngwlad yr Iâ. Mae'n darparu bron 7,000 o swyddi. Gan amlaf bydd y twristiaid yn hedfan i'r wlad, er bod teithio yno ar longau pleser yn dod yn fwy poblogaidd. Mae prif gwmni hedfan y wlad, *Icelandair,* wedi bod yn gyfrifol am gynyddu nifer y twristiaid drwy ddefnyddio Gwlad yr Iâ fel cyswllt rhwng Ewrop ac UDA. Daw'r nifer mwyaf o ymwelwyr i Wlad yr Iâ o wledydd Sgandinafia, Gwledydd Prydain, Gogledd America a'r Almaen.

Y prif atyniad i'r rhan fwyaf o dwristiaid yw nodweddion naturiol y wlad ar ffurf tirwedd ddramatig a ffenomena naturiol yn ogystal â ffynhonnau poeth sydd i'w gweld ledled y wlad. Mae Gwlad yr Iâ yn ddewis poblogaidd i'r sawl sy'n mwynhau natur ac sydd â diddordebau arbennig, fel gwylio adar. Mae twristiaeth antur a gwyliau ar ffermydd yn rhan bwysig o'r diwydiant teithio a thwristiaeth yng Ngwlad yr Iâ.

Dau anturiwr yn padlo ar lyn rhewlif

Fodd bynnag, mae nifer y twristiaid yn amrywio o fan i fan yng Ngwlad yr Iâ ac efallai y bydd rhai o'r atyniadau mwyaf poblogaidd yn dioddef oherwydd y nifer uchel o ymwelwyr. Er enghraifft, gall mwy o ymwelwyr arwain at ddifrod amgylcheddol.

Ffynhonnau poeth geothermol

Gwlad yr Iâ

Beth allai ddigwydd yn y dyfodol?

Cwestiwn Allweddol 4

Sut y bydd twristiaid yn effeithio ar Wlad yr Iâ yn y dyfodol?

Eco-dwristiaeth

Yn y dyfodol, mae Gwlad yr Iâ yn bwriadu datblygu mwy o weithgareddau eco-dwristiaeth. Mae eco-dwristiaeth yn rhoi cyfle i bobl ennill arian o edrych ar natur yn hytrach nag adeiladu mwy a mwy o gyfleusterau.

Mae'n lleihau effeithiau negyddol twristiaeth ar yr amgylchedd ac yn cynyddu parch at y diwylliant lleol a'r ffordd o fyw. Mae'n ceisio bod o fudd i dwristaid ac i bobl leol. Elfennau pwysig o eco-dwristiaeth yw hybu ailgylchu, gwneud defnydd mwy effeithlon o egni ac arbed dŵr a chreu swyddi i gymunedau lleol.

Morfil cefngrwm ger Gwlad yr Iâ

Gallai hela morfilod effeithio ar lwyddiant

Mae gwylio morfilod yn boblogaidd iawn yng Ngwlad yr Iâ, gyda bron hanner yr ymwelwyr yn mynd i wylio morfilod. Ond yn ddiweddar mae hela morfilod wedi ailddechrau a gallai hynny beryglu dyfodol y diwydiant teithio a thwristiaeth yng Ngwlad yr Iâ. Bydd hela a lladd morfilod o bosibl yn niweidio delwedd Gwlad yr Iâ dramor.

Mae mordeithiau pleser ar gynnydd

Mae mordeithiau pleser wedi dod yn fwy poblogaidd ledled Ewrop, a Gwlad yr Iâ yw un o'r mannau mwyaf poblogaidd, gyda'r twristiaid yn gwerthfawrogi'r teithiau ar y lan. Mae'r teithwyr hyn yn dod ag arian da i Wlad yr Iâ ond mae nhw'n llai o fygythiad i amgylchedd naturiol y wlad nag ymwelwyr eraill.

Gweithgaredd

1. Haf yw'r adeg fwyaf poblogaidd i dwristiaid ymweld â Gwlad yr Iâ. Awgrymwch bethau y gallai Gwlad yr Iâ eu gwneud i geisio cael nifer mwy cyfartal o dwristiaid drwy gydol y flwyddyn.
2. Rhestrwch brif fanteision ac anfanteision twf y diwydiant twristiaeth yng Ngwlad yr Iâ.
3. Os mai chi fyddai'n gyfrifol am y diwydiant twristiaeth yng Ngwlad yr Iâ, beth fyddech chi'n ei wneud i helpu Gwlad yr Iâ i ddenu twristiaid tra'n sicrhau ar yr un pryd bod natur a thirwedd y wlad yn cael eu gwarchod? Eglurwch sut y byddai eich awgrymiadau yn helpu.

Gwlad yr Iâ
Beth allai ddigwydd yn y dyfodol??

Cwestiwn Allweddol 4

Sut y bydd diwydiant yn effeithio ar Wlad yr Iâ yn y dyfodol?

Caiff trydan rhad ei gynhyrchu yng ngorsafoedd trydan dŵr a geothermol. Mae llywodraeth Gwlad yr Iâ yn awyddus i ddatblygu diwydiannau newydd sy'n defnyddio llawer iawn o drydan rhad. Mae gorsaf trydan dŵr newydd wedi'i hadeiladu ger Vatnajökull, y rhewlif mwyaf yng Ngwlad yr Iâ. Ond bu'n rhaid boddi ardal fawr o gynefin naturiol Gwlad yr Iâ i wneud hyn.

Tai gwydr
Dechreuodd y broses o wresogi tai gwydr yn geothermol yng Ngwlad yr Iâ yn 1924. Cyn hynny, byddai tatws a llysiau eraill yn cael eu tyfu mewn pridd naturiol gynnes. Mae'r cynnyrch yn y tai gwydr wedi'i rannu rhwng mathau gwahanol o lysiau (tomato, ciwcymbr, paprika, ayb) a blodau ar gyfer y farchnad fewnol (rhosynnau a blodau eraill, planhigion mewn pot, ayb).

Mae'r rhan fwyaf o'r tai gwydr yn ne Gwlad yr Iâ. Gwydr sy'n gorchuddio'r rhan fwyaf ohonyn nhw, gan nad ydy plastig yn gallu gwrthsefyll y tywydd gwyntog. Yn ddiweddar, mae llawer o ffermwyr tai gwydr wedi newid i systemau gwresogi mwy effeithlon, a thrwy hynny maen nhw wedi arbed llawer iawn o egni.

Ffermio pysgod
Yn ystod yr 1980au, crewyd ffermydd pysgod yng Ngwlad yr Iâ. Roedd mwy na 100 o ffermydd pysgod, gyda nifer ohonyn nhw yn eithaf bach. Ond pan adeiladwyd argaeau ar afonydd i greu cronfeydd dŵr ar gyfer gorsafoedd trydan dŵr, gostyngodd nifer y ffermydd pysgod. Doedd dim digon o ddŵr mewn rhai afonydd ac roedd gormod o ddŵr mewn eraill. Dyma'r prif broblemau i'r ffermydd pysgod. Maen nhw wedi ceisio datrys hyn drwy reoli llif y dŵr. Mae cyfanswm y cynnyrch yn ffermydd pysgod Gwlad yr Iâ wedi bod yn cynyddu'n raddol yn ddiweddar.

Eog yw'r brif rywogaeth gyda thua 70% o'r cynnyrch. Caiff dŵr geothermol ei ddefnyddio ar gyfer deor a magu'r pysgod. Yna caiff y dŵr ei newid yn raddol o ddŵr ffres i ddŵr y môr lle bydd yr eog yn tyfu yn barod ar gyfer ei werthu. Mae'r math hwn o ffermio yn defnyddio llawer o egni.

Ffermio pysgod

Gweithgaredd
1. Rhestrwch rai ffyrdd y mae diwydiannau Gwlad yr Iâ yn gyfeillgar i'r amgylchedd.
2. Rhestrwch rai ffyrdd y gall diwydiannau Gwlad yr Iâ niweidio amgylchedd y wlad.

Gwlad yr Iâ
Beth allai ddigwydd yn y dyfodol?

Cwestiwn Allweddol 4

Fydd digon o ddŵr ar gyfer gorsafoedd trydan dŵr?

Mae gwyddonwyr a daearegwyr wedi bod yn astudio nifer o feysydd iâ a rhewlifau yng Ngwlad yr Iâ. Maen nhw wedi rhagweld y bydd maint y meysydd iâ yn lleihau yn sylweddol os bydd cynhesu byd-eang yn parhau. Bydd y rhewlifau yn diflannu fwy neu lai o fewn 100-200 mlynedd.

Yn y degawdau nesaf, bydd cynnydd sylweddol (rhwng 50% a 100%) yn y dŵr fydd yn llifo oddi ar y rhewlifau wrth i'r iâ doddi. Fodd bynnag, bydd y dŵr sy'n llifo oddi ar y rhewlifau yn gostwng yn sylweddol rhwng 2025 a 2075 gan y bydd llai o iâ ar y rhewlifau.

Felly, bydd llai o ddŵr i ddatblygu gorsafoedd trydan dŵr yn y dyfodol.

Gweithgaredd

1. Os bydd llai o ddŵr yng Ngwlad yr Iâ i ddatblygu gorsafoedd trydan dŵr yn y dyfodol, beth fydd effaith hyn ar Wlad yr Iâ?
2. Paratowch boster i hysbysu pobl o newidiadau posibl yn yr hinsawdd a'u heffeithiau.
3. Rhestrwch rai pethau sy'n gallu cael eu gwneud nawr i geisio lleihau cynhesu byd-eang.
4. Rhestrwch rai pethau y gallwch chi a'ch teulu eu gwneud i helpu i leihau cynhesu byd-eang.

Gall cynhesu byd-eang achosi i feysydd iâ a rhewlifau doddi

Gwlad yr Iâ
Beth allai ddigwydd yn y dyfodol?

Cwestiwn Allweddol 4

Beth fydd yn digwydd i'r bywyd gwyllt yn y dyfodol?

Mae tiroedd gwyllt Gwlad yr Iâ yn cael eu bygwth gan gynlluniau i adeiladu mwy o orsafoedd trydan dŵr yno. Mae *Saving Iceland* yn gorff sy'n ceisio arbed harddwch naturiol Gwlad yr Iâ.

Egni geothermol – egni nad yw'n llygru

Gweithgaredd

1. Rhestrwch ddadleuon o blaid ac yn erbyn adeiladu gorsaf trydan dŵr arall yn ardal Thjorsarver.
2. Beth yw eich barn chi am y mater hwn?
3. Cynhaliwch sesiwn chwarae rôl o gyfarfod y pwyllgor cynllunio, gan gynnwys aelod o'r pwyllgor cynllunio, aelod o'r gymuned leol, ffermwr lleol, gweithiwr bywyd gwyllt, ymwelydd a chynrychiolydd project datblygu'r orsaf drydan.

Llythyr at bwyllgor cynllunio cyngor lleol

Annwyl Gynghorydd,

Rwy'n ysgrifennu atoch ynglŷn â dyfodol gwlyptir Thjorsarver. Fel y gwyddoch, mae wedi'i gynnwys yn Rhestr Gwlyptiroedd o Bwys Rhyngwladol RAMSAR, yn bennaf am mai dyma ardal fagu fwyaf y byd i'r gwyddan pinc-droed. Mae rhwng 6,000 a 10,000 o baran magu o'r gwyddan hyn yno. Ond mae llawer o adar eraill yn nythu yno hefyd, fel y pibydd porffor, y pibydd llydandroed gyddfgoch, pibydd y mawn, môr-wennol y gogledd, sgiwen y gogledd, grugiar, cwtiad aur, cwtiad torchog, bras yr eira a'r hwyaden gynffon hir. Mae llawer o bryfed yn yr ardal hefyd. Mae yna hefyd fwsoglan a chennau prin. Mae bioamrywiaeth y gwlyptir yn rhyfeddol ac unigryw.

Mae yna gynlluniau i adeiladu argae a chronfa ddŵr arall eto yn yr ardal ar gyfer gorsaf trydan dŵr arall. Fel y gwyddoch, mae'r Project Kvislaveita yn yr 1990au, a olygai adeiladu cyfres o sianelau a chronfeydd dŵr yn uwyrain Thjorsarver, eisoes wedi achosi llawer iawn o ddifrod yn yr ardal. Gan fod y tir mor wastad, gallai cynnydd o ychydig fetrau yn uchder y gronfa ddŵr arwain at lifogydd a dinistrio cynefinoedd. Mae'r bobl leol a'r ffermwyr hefyd yn anhapus iawn ynghylch y cynlluniau hyn gan eu bod yn ofni y bydd eu tiroedd uhw yn cael eu boddi ac y bydd yn rhaid iddyn uhw symud i ffwrdd.

Rwy'n ysgrifennu i fynegi fy mhryder mawr ynghylch y cynlluniau hyn, ac rwy'n gobeithio y byddwch yn ystyried y pwyntiau hyn yn ofalus iawn yn eich cyfarfod cynllunio nesaf.

Lowana Veal
(Aelod o 'Saving Iceland')

Gwlad yr Iâ
Beth allai ddigwydd yn y dyfodol?

Cwestiwn Allweddol 4

Beth hoffech chi ei weld yn digwydd yn y dyfodol?

Mae pysgota, mwyndoddi alwminiwm a thwristiaeth yn bwysig iawn i Wlad yr Iâ. Mae cysylltiad rhwng pob un o'r diwydiannau hyn a'r amgylchedd. Rhaid i Wlad yr Iâ ofalu am ei hamgylchedd os ydy'r diwydiannau hyn i lwyddo. Ond gall y diwydiannau hyn niweidio'r amgylchedd hefyd.

Os bydd gormod o bysgota, bydd y poblogaethau pysgod yn diflannu. Os bydd y rhewlifau'n diflannu, bydd llai o ddŵr i'r gorsafoedd trydan dŵr yn y dyfodol. Os caiff mwy o orsafoedd trydan eu hadeiladu, gall hynny niweidio harddwch naturiol a bywyd gwyllt Gwlad yr Iâ. Mae diwydiant twristiaeth Gwlad yr Iâ yn ddibynnol iawn ar harddwch naturiol y wlad, ond os bydd gormod o ymwelwyr yn mynd yno, gallai hynny niweidio'r amgylchedd naturiol.

Gweithgaredd

1. Dychmygwch mai chi sy'n gyfrifol am ddatblygiad Gwlad yr Iâ yn y dyfodol. Lluniwch gynllun gweithredu ar gyfer datblygu Gwlad yr Iâ yn y dyfodol sy'n cynnwys ffyrdd o ddatblygu twristiaeth a diwydiannau eraill yn ogystal â diogelu amgylchedd hardd naturiol y wlad. Gwnewch restr o bethau y dylid eu gwneud yn eich barn chi a rhowch eich rhesymau drostynt.
2. Mewn grwpiau, trafodwch eich cynlluniau gweithredu unigol, a phenderfynwch ar gynllun gweithredu eich grŵp ar gyfer datblygu Gwlad yr Iâ yn y dyfodol.
3. Mae pob grŵp i gyflwyno ei gynllun gweithredu i weddill y dosbarth.
4. Yna, mae'r dosbarth cyfan i drafod y gwahanol gynlluniau gweithredu a phenderfynu ar gynllun gweithredu terfynol ar gyfer datblygu Gwlad yr Iâ yn y dyfodol.